BEI GRIN MACHT SICH IHR WISSEN BEZAHLT

- Wir veröffentlichen Ihre Hausarbeit,
  Bachelor- und Masterarbeit

- Ihr eigenes eBook und Buch -
  weltweit in allen wichtigen Shops

- Verdienen Sie an jedem Verkauf

**Jetzt bei www.GRIN.com hochladen
und kostenlos publizieren**

Planung eines Beweglichkeitstrainings und Koordinationstrainings

GRIN

Bibliografische Information der Deutschen Nationalbibliothek:

Die Deutsche Nationalbibliothek verzeichnet diese Publikation in der Deutschen Nationalbibliografie; detaillierte bibliografische Daten sind im Internet über http://dnb.d-nb.de abrufbar.

ISBN: 9783346696380
Dieses Buch ist auch als E-Book erhältlich.

© GRIN Publishing GmbH
Nymphenburger Straße 86
80636 München

Druck und Bindung: Books on Demand GmbH, Norderstedt Germany
Gedruckt auf säurefreiem Papier aus verantwortungsvollen Quellen

Das vorliegende Werk wurde sorgfältig erarbeitet. Dennoch übernehmen Autoren und Verlag für die Richtigkeit von Angaben, Hinweisen, Links und Ratschlägen sowie eventuelle Druckfehler keine Haftung.

Das Buch bei GRIN: https://www.grin.com/document/1255546

Deutsche Hochschule für

Prävention und Gesundheitsmanagement

Hermann Neuberger Sportschule 3

66123 Saarbrücken

Einsendeaufgabe

Fachmodul:	Trainingslehre III
Studiengang:	Gesundheitsmanagement
Datum Präsenzphase:	11.11.-13.11.19
Studienort:	**Köln**
Semester:	**WS 2017**

Inhaltsverzeichnis

1 Lösung Aufgabe 1: Personendaten

Tabelle 1 Personendaten

Alter	40 Jahre
Geschlecht	Weiblich
Größe	166 cm
Gewicht	60 Kg
Trainingsmotive	Erhaltung und Verbesserung der Mobilität
Berufliche Tätigkeit	Bürokauffrau
Sportliche Aktivitäten	Aktuell: Kraftausdauertraining (Anfänger) 2-3x pro Woche
Zeitlicher Verfügungsrahmen	2-3x/Woche
Gesundheitliche Einschränkungen/ Medikamente	Keine
Orthopädische/Internistische Einschränkungen	Keine

2 Lösung Aufgabe 2: Beweglichkeitstestung

Die Beweglichkeitstestung geschieht nach einem Testverfahren in Anlehnung an Janda (2000).

Anhand der maximalen Gelenkbewegung und der subjektiven Schmerztoleranz des Kunden kann die Beweglichkeit hiermit getestet werden.

Getestet werden die folgenden Muskelgruppen: Brustmuskulatur (M. pectoralis major), die Hüftbeugemuskulatur (M. iliopsoas), Kniestrecker (M. rectus femoris), Kniebeugemuskulatur (Mm. Ischiocrurales) und die Wadenmuskulatur (Mm. Triceps surae).

Jede getestete Muskelgruppe wird dann im Anschluss mithilfe einer Einordnung in Stufen (von 0-2) und anhand vorgegebener Normwerte verglichen und ausgewertet. Die Inhalte jeder dieser Stufen werden im Folgenden bei jeder Muskelgruppe kurz erläutert.

Nach Testung jeder Muskelgruppe und jeweiliger Auswertung kann nun ein eventuell vorhandenes Beweglichkeitsdefizit erkannt und ein entsprechendes Training geplant werden.

2.1 Testausführung M. pectoralis

2.1 . Testausführung M. pectoralis (nach Janda, 2000, S. 270)

Für die Beweglichkeitstestung des M. pectoralis muss sich der Kunde in Rückenlage auf eine Behandlungsliege begeben. Zur Fixation des Beckens sind die Beine angewinkelt und die Füße aufgestellt. Um sicherzustellen, dass das Becken nicht abhebt oder eine Hyperlordose in der Lendenwirbelsäule entsteht und somit das Testergebnis möglicherweise verfälschen würde, könnte dem Kunden der Hinweis gegeben werden, den Bauch anzuspannen. Der jeweils zu testende Arm befindet sich in einer 90° -Beugung und in der Schulter nach außen rotiert, sodass der Arm nicht mehr auf der Auflage liegend, bewertet werden kann. Entscheidend ist hier die Position des Oberarmes zur Horizontalen.

Testauswertung (nach Janda, 2000, S.270)   >> *Stufe 0:*

Erreicht der Oberarm des Kunden die Horizontale oder kann mithilfe leichten Drucks des Testers darunter bewegt werden, liegen keine Beweglichkeitsdefizite vor.

Stufe 1:

Es liegen leichte Beweglichkeitsdefizite vor, wenn der Oberarm die Horizontale nur mithilfe des Testers und leichtem Druck erreichen kann.

Stufe 2:

Es liegen deutliche Beweglichkeitsdefizite vor, da der Oberarm auch mithilfe des ausgeübten Drucks des Testers die Horizontale nicht erreicht.

2.2 Testausführung M. iliopsoas

2.2. Testausführung M. iliopsoas (nach Janda, 2000, S. 258) .

Die Beweglichkeit des Hüftbeugers (M. iliopsoas) wird auch wieder in Rückenlage auf der Behandlungsliege geprüft und zwar so, dass der Kunde sich gerade noch mit dem Gesäß auf der Liege befindet, die Beine jedoch frei in der Luft hängen und nun ein Bein angewinkelt maximal weit zum Brustbein heran gezogen wird. Das nun maximal herangezogene Bein sorgt dafür, dass das Becken fixiert bleibt und eine Hyperlordose vermieden wird. Beobachtet wird nun die Position des Oberschenkels des frei hängenden Beins im Verhältnis zur horizontalen Auflagefläche des Körpers.

Testauswertung (nach Janda, 2000, S. 259)   >> *Stufe 0:*

Erreicht der Oberschenkel des Kunden die Horizontale oder kann mithilfe leichten Drucks seitens des Testers darunter bewegt werden, liegen keine Beweglichkeitsdefizite vor.

Stufe 1:

Es liegen leichte Beweglichkeitsdefizite vor, da die Hüfte leicht gebeugt ist und der Oberschenkel die Horizontale nur durch leichten Druck des Testers erreicht werden kann.

Stufe 2:

Es liegen deutliche Beweglichkeitsdefizite vor, da der Oberschenkel auch mithilfe des ausgeübten Drucks des Testers die Horizontale nicht erreicht.

2.3 Testausführung M. rectus femoris

2.3. Testausführung M. rectus femoris (nach Janda, 2000, S. 258).

Bei der Testung der Kniestreckmuskulatur (M. rectus femoris) befindet sich der Kunde wieder in Rückenlage auf der Behandlungsliege, das Gesäß gerade noch auf der Liege befindend und die Beine frei hängend. Um zu gewährleisten dass das Becken fixiert bleibt und eine Hyperlordose der Lendenwirbelsäule vermieden wird, wird nun ein Bein angewinkelt maximal weit zum Brustbein heran gezogen. Getestet wird nun die maximal mögliche Kniebeugung des frei hängenden Beins während der Tester die individuell erreichte Hüftextension fixiert.

Testauswertung (nach Janda, 2000, S. 258)   *>>Stufe 0:*

Der Unterschenkel des Kunden hängt senkrecht herab und kann darüber hinaus mithilfe des Testers in eine noch größere Kniebeugung geführt werden, Es liegen keine Defizite vor.

Stufe 1:

Der Unterschenkel zeigt leicht nach vorne und erreicht die senkrechte Position nur mithilfe des Testers. Es liegen leichte Beweglichkeitsdefizite vor.

Stufe 2:

Der Unterschenkel bewegt sich deutlich vom Körper weg und kann auch mithilfe des Testers nicht in eine 90°-Kniebeugung gebracht werden.

2.4 Testausführung Mm. ischiocrurales

2.4. Testausführung Mm. ischiocrurales (nach Janda, 2000, S.261)

Auch bei der Testung der Kniebeugemuskulatur befindet sich der Kunde in Rückenlage auf der Behandlungsliege; ein Bein angewinkelt und den Fuß auf der Liege aufgestellt.

Das andere Bein wird nun vom Tester in die maximal mögliche Hüftflexion geführt, das Knie bleibt dabei gestreckt und das Bein darf nur außerhalb der Kniescheibe vom Tester fixiert werden. Zu beachten ist wieder die Fixation des Beckens und dass eine Hyperlordose in der Lendenwirbelsäule vermieden wird. Des Weiteren muss das zu testende Bein gestreckt bleiben, während das andere Bein die Ausgangsposition beibehält.

Entscheidend ist hier der Hüftbeugewinkel.

Testauswertung (nach Janda, 2000, S. 262)   :>>*Stufe 0:*

Eine Hüftflexion von 90° ist möglich; es liegen keine Beweglichkeitsdefizite vor.

Stufe 1:

Eine Hüftflexion von nur 80-90° bedeutet, dass ein leichtes Defizit vorliegt.

Stufe 2:

Ist eine Hüftflexion nur kleiner als 80° möglich, liegt ein deutliches Beweglichkeitsdefizit vor.

2.5 Testausführung Mm. triceps surae

2.5. Testausführung Mm. Triceps surae (nach Janda, 2000, S. 255)

Während der Testausführung liegt der Kunde in Rückenlage auf der Liege, ein Bein angewinkelt; den Fuß auf der Liege aufgestellt.

Das Bein welches nun getestet wird, ist gestreckt und die distale Hälfte des Unterschenkels ragt über die Liege hinaus. Der Tester wird nun mit der einen Hand am Fersenbein und der anderen an der Fußaußenkante, mit leichtem Zug an der Ferse distalwärts und einem leichten Druck mit dem Daumen an der Fußaußenkante in Richtung Schienbein, eine Dorsalextension herbeiführen. Zu beachten ist, dass der Daumen den Druck an der Fußaußenkante und nicht der Fußmitte ausübt, da es ansonsten zu reflektorischen Anspannungen kommen kann, welche das Testergebnis verfälschen würden. Des Weiteren ist der Zug an der Ferse ein entscheidender Faktor bei der Testung, welcher nicht zu vernachlässigen ist.

Gemessen wird hier anhand des Ausmaßes der Dorsalextension.

Testauswertung: (nach Janda, 2000, S.255)   >>*Stufe 0:*

Die Dorsalextension erreicht einen 90°-Winkel zwischen Fuß und Unterschenkel, welches einer 0°-Stellung entspricht. Es liegen keine Defizite vor.

Stufe 1:

Eine Dorsalextension ist zwar möglich, jedoch nicht in der 0°-Stellung. Es bestehen leichte Beweglichkeitsdefizite.

Stufe 2:

Eine Dorsalextension kann nur bis 10° unterhalb der 0°-Stellung ausgeführt werden; es liegen deutliche Beweglichkeitsdefizite vor.

Anhand des oben erläuterten Testverfahrens werden nun in folgender Tabelle die Ergebnisse der in Tabelle 1 genannten Kundin, welche im folgenden K genannt wird, dargestellt.

Tabelle 2: Testergebnisse des Beweglichkeitstests nach Janda

Getestete Muskelgruppe	Testergebnis
M. pectoralis major	Stufe: 1> leichtes Defizit
M. iliopsoas	Stufe: 2> deutliches Defizit
M. rectus femoris	Stufe: 1> leichtes Defizit
Mm. ischiocrurales	Stufe: 1> leichtes Defizit
Mm. Triceps surae	Stufe: 0> Kein Defizit

Die oben dargestellten Testergebnisse weisen ein deutliches Bewegungsdefizit der Hüftbeugemuskulatur auf, aber auch die Kniestreck-und Beugemuskulatur sowie die Brustmuskulatur sind in ihrer Beweglichkeit bereits eingeschränkt.

Da bei der K bisher keine orthopädischen oder internistischen Probleme bekannt sind und auch sonst keine Verletzungen oder Traumen von Gelenken vorliegen, ist davon auszugehen dass die Beweglichkeitseinschränkung auf den Berufs- und Freizeitalltag der K zurückzuführen sind. Als Bürokauffrau führt die K eine überwiegend sitzende Tätigkeit aus welche von permanent eingeschränkten Beweglichkeitsamplituden geprägt ist. Die Beweglichkeit der Muskulatur und der Gelenke haben sich somit dem alltäglichen Ausmaß an Bewegung und der Bewegungsamplitude angepasst (Wiemann et al 1998) S. 36 Brief.

Auch die ständig nach vorne gebeugte Oberkörperhaltung ist Ausdruck eines motorischen Stereotyps und hat zu der eingeschränkten Beweglichkeit der Brustmuskulatur geführt.

Die K ist Sportanfängerin und ihr aktuelles Trainingsprogramm besteht aus Kraftausdauertraining. Ziel ist es nun, ein spezielles Dehntraining für die beweglichkeitseingeschränkten Muskelgruppen der K zu erstellen. Des Weiteren soll die K nun an ein Krafttraining herangeführt werden, welches die abgeschwächte Muskulatur stärken und die muskuläre Dysbalance ausgleichen soll (Wiemann, Klee & Startmann, 1998, S.111-118).

3 Lösung   Aufgabe   3:   Trainingsplanung Beweglichkeitstraining

Anhand der mittels des Beweglichkeitstests ermittelten Defizite der K wird nun ein spezielles Dehntraining mit Schwerpunkt auf die unteren Extremitäten erstellt. Im Hinblick auf die Tätigkeit der K ist aber auch mit einer Verschlimmerung der Einschränkung der Beweglichkeit der oberen Extremitäten zu rechnen, sodass diese in den Plan mit einbezogen werden. In folgender Tabelle wird der Trainingsplan der K dargestellt.

Tabelle 3: Trainingsplanung Beweglichkeitstraining

Dehn-übung/Zielmuskulatur	Dehnungsmethode: (Dehnform+Arbeitsweise)	Trainingshäufigkeit/Woche	Sätze/Übung	Dehn-dauer/Satzpause	Intensität
1) Dehnung der Nackenmuskulatur	-Passiv -statisch	2x/Woche	2 Sätze	-45 Sekunden -Arbeits-pause=Satzpause	Leicht
2) Dehnung des großen Brustmuskels	-Aktiv dynamisch	2x/Woche	3 Sätze	-15 Wiederholungen -Satzpause 25 Sekunden	Möglichst hoch
3) Dehnung der Schulterblattretraktoren	-Passiv -Statisch	2x/Woche	2 Sätze	-45 Sekunden -Arbeits-pause=Satzpause	Möglichst hoch
4) Kniegelenkextensoren	-Aktiv -Statisch	2x/Woche	2 Sätze	45 Sekunden	Möglichst hoch
5) Dehnung der Wadenmuskulatur	-Passiv -Statisch	2x/Woche	2 Sätze	45 Sekunden	Möglichst hoch
6) Dehnung der Hüftgelenkflexoren	-Passiv -Statisch	2x/Woche	3Sätze	45 Sekunden	Möglichst hoch
7) Dehnung der Rumpfextensoren	-Aktiv -Statisch	2x/Woche	2 Sätze	45 Sekunden	Möglichst hoch
8) Dehnung der Hüftgelenkadduktoren	-Passiv -Postisometrisch	2x/Woche	2 Sätze	Ca. 60 Sekunden	Möglichst hoch
9) Gluteal- und Hüftgelenkinnenrotatoren	-Passiv -Dynamisch	2x/Woche	2 Sätze	10 Wiederholungen	mittel
10)Dehnung der Rumpfrotatoren	-Passiv -Statisch	2x/Woche	2 Sätze	45 Sekunden	Möglichst hoch

Um der K den Einstieg in das Dehntraining zu erleichtern, werden je 2, maximal 3 Sätze pro Übung ausgeführt. Die Übungen finden überwiegend in statischer Arbeitsweise statt, um der K eine sanfte Herangehensweise an die Dehnübungen zu gewährleisten. Jedoch können mit zunehmender Sicherheit auch mehr dynamische und postisometrische Übungen hinzu gezogen werden. Welche dieser Arbeitsweisen sich nun am effektivsten auf die Bewegungsreichweite auswirkt ist umstritten.

In Untersuchungen zur kurzfristigen Verbesserung der Bewegungsreichweite, hat sich das postisometrische Dehnen als am effektivsten erwiesen (Wydra, 1997).

Mittelfristig gesehen konnte sich jedoch das dynamische Dehnen im Vergleich zum statischen und postisometrischen Dehnen, durchsetzen (Wydra, Bös & Karisch, 1991, S. 386-394)) /Manoel, Harris-Love, Danoff & Miller, 2008, S. 1528-1534).

Folglich ist somit eine dynamische und/oder postisometrische Arbeitsweise zukünftig erstrebenswert.

Die K kann bereits mit zwei Dehnungstrainingseinheiten pro Woche als Trainingsbeginnerin bereits ihre Beweglichkeit verbessern (Rancour, Holmes & Cipriani, 2009).

Eine Dehndauer von 45 Sekunden beim statischen Training ist zum Erreichen einer Verbesserung der Beweglichkeit laut Schönthaler & Ohlendorf (2002) ausreichend. Die Wiederholungszahl bei dynamischer Arbeitsweise und maximaler Dehnung liegt nach einer Untersuchung von Glück (2005) bei 10 Wiederholungen. Alles darüber brachte keine nennenswerte Veränderung mit sich. Die Intensität der Dehnübungen sollte möglichst hoch sein, da somit die größten Effekte erzielt werden (Schönthaler & Ohlendorf, 2002). Der Schwerpunkt des Trainingsplans liegt bei den unteren Extremitäten aufgrund des ermittelten Defizits desselbigen. Um der K das Training so angenehm wie möglich zu gestalten, wird es im Stand begonnen und auf dem Rücken liegend beendet.

Nun werden die Übungen 1-10 hinsichtlich ihrer Durchführung detailliert beschrieben. Begonnen wird bei den unilateralen Übungen immer mit der linken Seite.

3.1 : Übung 1: Dehnung der Nackenmuskulatur

Die erste Übung dient der Dehnung der Nackenmuskulatur (M. trapezius, M. trapezius pars descendens) und beginnt mit einem hüftbreiten Stand und gefestigtem Rumpf. Die

Arme hängen senkrecht neben dem Körper, während die Schulterblätter aktiv fallen gelassen werden. Nun wird der Kopf leicht unter Zuhilfenahme einer Hand zur kontralateralen Seite gezogen und für 45 Sekunden statisch gehalten. Dies ist auch die Endposition, sodass die Übung aufgrund der nicht antagonistisch wirkenden Muskeln, als passiv eingeordnet wird. Um eine Zerrbewegung zu vermeiden, soll die Übung mit leichter Intensität durchgeführt werden. Im Anschluss wird die Seite gewechselt; die Satzpausen entsprechen jeweils den Arbeitspausen.

3.2 : Übung 2: Dehnung des großen Brustmuskels

Die nächste Dehnübung soll der sonst üblichen Körperhaltung der K im Büro entgegenwirken, indem der große Brustmuskel (M. pectoralis major) gedehnt wird.
Die Ausgangsposition ist der hüftbreite Stand, stabiler Rumpf und dem Blick nach vorne. Nun werden die Arme leicht angewinkelt bis auf Schulterhöhe angehoben und aktiv nach hinten gezogen. Nun folgen aus dieser Dehnposition heraus, kleine, langsame und kontrollierte Bewegungen nach hinten und wieder zurück in die Dehnposition. Gearbeitet wird bis zur fast maximalen Dehnung.
Da dies eine dynamische Übung ist beträgt die Anzahl der Wiederholungen hier 15 mit anschließender Satzpause von 25 Sekunden.

3.3 : Übung 3: Dehnung der Schulterblattretraktoren

Die Dehnung der Schulterblattretraktoren (M. deltoideus, M. teres minor, M. trapezius) kann Verspannungen, welche durch falsche Körperhaltung oder Stress verursacht werden, entgegenwirken. Ausgangsposition ist der hüftbreite Stand, stabiler Rumpf, Kopf gerade und nach vorne blickend. Nun wird der linke Arm angewinkelt bis auf Schulterhöhe hoch gezogen und in Richtung kontralateraler Schulter bewegt, bis das Handgelenk auf der Schulter aufliegt. Die gestreckte Hand zeigt mit der Handinnenfläche in Richtung Boden. Nun drückt die rechte Hand bis zur maximalen Dehnung gegen den linken Oberarm und hält diese Position für 45 Sekunden statisch. Aufgrund des externen Faktors, der Zuhilfenahme der Hand, ist dies eine passive Übung. Es folgt der Seitenwechsel.

3.4 : Übung 4: Dehnung der Kniegelenkextensoren

Die K weist ein leichtes Defizit des M. rectus femoris auf, sodass eine Dehnung des M. quadriceps femoris sinnvoll ist. Ausgangsposition ist wieder der hüftbreite Stand und ein gefestigter Rumpf. Nun wird ein Bein gebeugt und mithilfe einer Hand am Unterschenkel gegriffen und nach hinten gezogen, sodass eine maximale Kniegelenkflexion erreicht werden kann. Des Weiteren soll die Hüfte nun aktiv nach vorne geschoben werden (aktive Hüftgelenkextenison) und in dieser Dehnposition für 45 Sekunden gehalten. Da die abschließende Handlung dieser Übung aktiv ausgeführt wird, ist diese als aktiv statische Übung einzuordnen.

3.5 :Übung 5: Dehnung der Wadenmuskulatur

Aufgrund der ständig sitzenden Tätigkeit der K besteht auch ein Beweglichkeitsdefizit in der Wadenmuskulatur. Darum folgt eine Dehnung der Wadenmuskulatur mit Schwerpunkt auf den M. gastrocnemius.

Ausgangsposition ist hier aus dem hüftbreiten Stand heraus mit einem Bein einen großen Ausfallschritt nach hinten zu machen. Das vordere Knie ist leicht gebeugt und das hintere vollständig durchgestreckt; die Ferse bleibt auf dem Boden. Es folgt nun eine Hüftgelenkflexion wobei die Hände unterstützend auf den Oberschenkel des vorderen Beins genommen werden dürfen. 45 Sekunden bei maximaler Intensität auf die Wadenmuskulatur des hinteren Beins soll diese passiv statische Dehnung erfolgen.

3.6 :Übung 6: Dehnung der Hüftgelenkflexoren

Die Hüftgelenkflexoren, insbesondere der M. iliopsoas weisen ein deutliches Beweglichkeitsdefizit bei der K auf, sodass hier in jedem Fall Handlungsbedarf vorliegt.

Diese Übung wird eingeleitet aus der Liegestützgrundposition heraus. Dabei wird ein Bein nach vorne neben den Arm gestellt, und das Knie des hinteren Beins auf dem Boden abgesetzt. Nun wird die Hüfte nach vorne gestreckt, das Gesäß angespannt und der Oberkörper aufgerichtet. Die Hände dürfen wieder unterstützend auf dem vorderen Oberschenkel gestützt werden. Diese passiv statische Übung wird aufgrund des vorliegenden Defizits schon zu Beginn mit je 3 Sätzen durchgeführt.

3.7 :Übung 7: Dehnung der Rumpfextensoren

Die Rumpfmuskulatur (M. erector spinae) sorgt für eine aufrechte und stabile Haltung, daher sollte eine Dehnübung derselben, begleitend mit in das Trainingsprogramm genommen werden.

Die folgende Übung beginnt im Vierfüßlerstand, den Kopf in Verlängerung zur Halswir-
belsäule und den Blick nach unten gerichtet. Die K bekommt nun die Anweisung den
sprichwörtlichen „Katzenbuckel", also eine Flexion der Wirbelsäule auszuführen, und
aktiv in dieser Dehnposition für 45 Sekunden bei maximaler Dehnung zu verharren.

3.8 :Übung 8: Dehnung der Hüftgelenkadduktoren

Die folgende Übung soll nun in postisometrischer Arbeitsweise ausgeführt werden.
Ausgangsposition dieser Übung ist aufrecht auf dem Boden sitzend, die Fersen zum Gesäß ziehend während die Fußsohlen sich berühren. Das Brustbein wird nach vorne gestreckt und die Oberschenkel zum Boden gedrückt, dies entspricht einer leichten Dehnposition entspricht. Anschließend wird die Muskulatur 6 Sekunden lang kontrahiert, indem die Unterarme die Knie weiter nach außen drücken, bevor dann eine völlige Entspannung für 2-3 Sekunden stattfindet. Anschließend wird der Dehnreiz mit noch stärke-
rem Druck auf die Knie für ca. 10 Sekunden statisch gehalten und wieder vollständig
entspannt (Hohmann, Lahmes & Letzelter, 2002 S. 100; Sölveborn, 1983, S. 13).
Der systematische Wechsel von Anspannung und Entspannung wird jeweils im Wechsel
für ca. 60 Sekunden lang ausgeführt.

3.9 :Übung 9: Dehnung der Gluteal- und Hüftgelenkinnenrotatoren

Die anschließende Übung findet in Rückenlage statt und soll die Gluteal- und Hüftge-
lenkinnenrotatoren (M. glutaeus medius, M. glutaeus minimus, M. tensor fascia latae, M.
adductor magnus) trainieren, da auch hier aufgrund der sitzenden Tätigkeit Defizite ent-
stehen können.
Die K begibt sich dazu in Rückenlage und zieht dabei ein Bein, mit beiden Händen am
Unterschenkel greifend, an den Körper heran. Der Unterschenkel des anderen Beins, wird
dann auf den Oberschenkel des herangezogenen Beins gelegt. Rücken und Kopf liegen
entspannt auf der Matte auf; den Blick in Richtung Decke. Nun wird das Bein mithilfe
der beiden Hände in langsamen und kontrollierten Bewegungen vor und zurück bewegt,
sodass ein möglichst hoher Dehnschmerz zu spüren ist. Nach 10 Wiederholungen findet
ein Seitenwechsel statt. Es handelt sich um eine passiv dynamische Übung.

3.10 :Übung 10: Dehnung der Rumpfrotatoren

Die letzte Übung dient der Dehnung der Rumpfrotatoren (M. obliquus abdomninis, M. rectus abdominis), welche als unterstützende Übung der Körpermitte das Programm abrundet und. Sie wird passiv statisch ausgeführt. Die K liegt nun bereits auf dem Boden in Rückenposition. Es werden beide Beine leicht angewinkelt zur Seite in Richtung Boden bewegt; der Oberkörper bleibt währenddessen auf dem Boden aufliegend und die Arme locker neben dem Körper liegend. Es sollte ein möglichst hoher Dehnreiz verspürt werden. Nach 45 Sekunden wird die Seite gewechselt.

4 Lösung Aufgabe 4: Trainingsplanung Koordinationstraining

Die K leidet aufgrund ihrer beruflichen Situation zunehmend unter Rückenschmerzen und einer schlechten Haltung, da sie sich den ganzen Tag über sitzend und vornüber gebeugt an ihrem Schreibtisch befindet. Des Weiteren zeigten sich bereits Beweglichkeitsdefizite in den unteren Extremitäten. Um die gelenkumgebenden Strukturen und somit auch die Muskulatur zu stärken, an ihrer aufrechten Haltung zu arbeiten und zukünftigen Rückenleiden entgegenzuwirken, wird die K ein Koordinationstraining absolvieren. Denn, laut Häfelinger & Schuba (2007) können sich Störungen der propriozeptiven Rückmeldung auf alle Komponenten des motorischen Kontrollprozesses negativ auswirken, bis hin zur Veränderung von zentralen Bewegungsmustern.

Die K ist Anfängerin im Koordinationstraining. Somit beginnt sie mit einer Trainingshäufigkeit von 2x pro Woche. Das Training erfolgt in aufgewärmten Zustand und stets vor dem Krafttraining. Die insgesamte Trainingsdauer sollte sich nach dem individuellen Leistungsstand der K richten, jedoch 10-45 Minuten nicht überschreiten (Chwilkowski, 2006, 60ff; Häfelinger & Schuba, 2007, S. 61). Es werden demnach zunächst 2-3 Sätze pro Übung durchgeführt und mit 25-30 Sekunden Belastungsdauer bei statischem bzw. 15 Wiederholungen bei dynamischen Übungen begonnen. Die Satzpause beträgt 45 Sekunden bei bilateralen Übungen; bei unilateralen Übungen entspricht die Arbeitspause der Satzpause. Je nach Ermüdungsgrad der K wird dies jedoch angepasst.

Um eine Überforderung der K zu vermeiden und erste Erfolge schnell verbuchen zu können, wird mit leichten Übungen begonnen und darauf aufbauend gesteigert (Chwilkowski, 2006). Mit zunehmender Sicherheit können dann komplexere und anspruchsvollere Übungen eingebaut werden.

Die Qualität der Ausführung sollte immer Mittelpunkt des Trainings stehen; bei sichtbarer Ermüdung wird die Übung abgebrochen.

4.1 Übung 1: Zweibeinstand mit Störfaktor

Die erste Übung erfolgt im Zweibeinstand und ist eine Partnerübung. Hierbei werden der K an verschiedenen Körperpartien Störimpulse gegeben, die ihr den stabilen Stand erschweren und sie somit immer wieder das Gleichgewicht finden und halten muss. Schnellere und stärkere Impulse des Partners können den Schwierigkeitsgrad erhöhen.

4.2 Übung 2: Einbeinstand

Ausgangsposition ist ein aufrechter Stand mit geradem Oberkörper; Schultern zurück und Brustbein heraus. Die Hände können unterstützend in die Hüfte gestemmt werden und nun wird ein Bein hochgezogen und gehalten. Je nachdem wie hoch das Bein gezogen wird, variiert das Schwierigkeitslevel. Je tiefer das Bein, desto leichter ist es. Danach erfolgt der Seitenwechsel.

4.3 Übung 3: Ausfallschritt mit Oberkörperrotation

Die K macht einen großen Ausfallschritt nach vorne. Der Rumpf bleibt stabil und gefestigt, der Oberkörper aufrecht. Die Hände können unterstützend ineinandergreifend vor die Brust genommen werden, während nur der Oberkörper leicht rotierende Bewegungen zu der Seite ausführt, auf welcher das Bein vorne steht. Da diese Übung oft viel Kraft verbraucht, wird hier eine Wiederholungszahl von vorerst 10 Wiederholungen vorgenommen. Es erfolgt ein Seitenwechsel.

4.4 Übung 4: Einbeinstand mit Seitwärtsheben

Ausgangsposition ist der aufrechte Stand, leicht gebeugte Knie, gefestigter Rumpf und den Blick nach vorne gerichtet. Um das Gleichgewicht besser halten zu können, ist es ratsam einen Punkt zur Fixation auszuwählen.

Die Hände werden in die Hüfte gestemmt und ein Bein seitwärts angehoben. Wie hoch das Bein angehoben wird ist dabei vom Leistungsstand der K anhängig.

4.5 Übung 5: Zweibeinstand mit geschlossenen Augen

Ausgangsposition ist der gerade aufrechte Stand. Die Schultern werden nach hinten geführt, der Rumpf bleibt gefestigt. Nun werden die Augen geschlossen und ein möglichst stabiler Stand gehalten.

4.6 Übung 6: Zweibeinstand mit geschlossenen Augen und Störfaktor

Ausgangsposition ist dieselbe wie in 4.5. beschrieben. Hinzu kommen jetzt jedoch wieder die Störimpulse des Partners an verschiedenen Körperpartien der K.
Begonnen werden sollte jedoch wieder mit leichten Impulsen, da das Schwierigkeitslevel durch die geschlossenen Augen um einiges höher ist.

4.7 Übung 7: Arme kreisen, Beine heben

Die nächste Übung beginnt mit einem aufrechten und hüftbreitem Stand. Nun sollen beide Arme seitlich in eine Richtung kreisen und währenddessen auf der Stelle gegangen werden.

4.8 Übung 8: Gymnastikball sitzend

Anschließend folgt eine Übung auf dem Gymnastikball. Hier versucht die K sitzend auf dem Gymnastikball ohne Bodenkontakt mit den Füßen das Gleichgewicht zu halten.

4.9 Übung 9: Zweibeinstand Therapiekreisel Kniebeuge

Als nächstes folgt eine Übung auf dem Therapiekreisel. Um eine stabile Position auf dem Therapiekreisel zu erlangen, und sich an die Unterfläche zu gewöhnen, beginnen wir mit dem stabilen Stand auf zwei Therapiekreiseln. Ein Fuß wird jeweils mittig auf einen Therapiekreisel positioniert, der Oberkörper sollte aufrecht und der Rumpf stabil und gefestigt sein. Gelingt dies gut und ist der Stand stabil, kann nun eine Kniebeuge ausgeführt werden. Die Arme können dazu ausgestreckt nach oben geführt werden, um das Gleichgewicht besser halten zu können. 10 Wiederholungen sind vorgesehen.

4.10 Übung 10: Einbeinstand Therapiekreisel

Da die K die vorhergehende Übung gut gemeistert hat, wird nun ein Einbeinstand auf nur einem Therapiekreisel ausgeführt. Ein Fuß wird wieder relativ mittig auf den Therapie-kreisel positioniert, das Knie des Standbeins bleibt leicht gebeugt und das andere Bein kann leicht nach hinten angehoben werden. Die Arme dürfen zum Ausbalancieren zur Seite angehoben werden. Nach erfolgreichem Halten erfolgt der Seitenwechsel.

5 Lösung Aufgabe 5: Literaturrecherche

Tabelle 4: Studie zu: Effekten des Dehnens im Hinblick auf eine Verletzungsprophylaxe

Wer?	Dadebo B, White J, George KP	RP Pope, RD Herbert, JD Kirwan, BJ Graham
Wann?	August 2004	Februar 2000
Forschungsfrage	Zusammenhang zwischen Dehnungstraining und Verletzungsrisiko	Effekt von Dehnungstraining im Hinblick auf das Verletzungsrisiko
Versuchspersonen	30 englische professionelle Fussballclubs	1538 männliche Armeerekruten
Aufbau der Studie	1998/99 wurde von 30 Fussballclubs der vierten Liga eine Saison lang mithilfe eines Fragebogens Daten zu Beweglichkeitstrainingsmethoden und HSR gesammelt	Die Rekruten wurden willkürlich Dehn- oder Kontrollgruppen zugeteilt. Beide Gruppen führten 12 Wochen lang vor dem Training Aufwärmübungen durch; die Dehngruppe führte zusätzlich unter Aufsicht für jede der 6 Hauptbeinmuskelgruppen eine statische Dehnung von 20 Sekunden durch.
Ergebnisse /Schlussfolgerung	Die Ergebnisse der Protokolle schienen von der Trainerkompetenz abhängig zu sein. Das meist statische Dehnen der Kniesehne schien der wichtigste Trainingsfaktor. Nicht eindeutig zuzuordnen ist ob die positive Wirkung den kurz- oder langfristigen Effekten zugeschrieben werden muss.	Das Dehnen der Muskeln führte zu keiner bedeutsamen Verringerung des Verletzungsrisikos. Fitness ist der wichtigere, veränderbare Faktor.

6 Literaturverzeichnis

Chwilkowski, C. (2006). *Medizinisches Koordinationstraining – Verbesserung der Haltungs- und Bewegungskoordination durch Propriozeption* (2. Aufl.). Köln: Deutscher Trainer Verlag.

Dadebo, B., White J. & George KP., (2204). A survey of flexibility trainings protocols and hamstring strains in professional football clubs in England. *Br. J. Sports Med. Journal*, 38 (4), 388-394.

Glück, S. (2005). *Beeinflussung der Beweglichkeit durch unterschiedliche physische und psychische Einwirkungen*. Dissertation. Universität des Saarlandes, Saarbrücken.

Häfelinger, U. & Schuba, V. (2007). *Koordinationstherapie - propriozeptives Training* (Wo Sport Spaß macht, 3., überarb. Aufl). Aachen: Meyer & Meyer.

Hohmann, A., Lames, M. & Letzelter, M. (2002). *Einführung in die Trainingswissenschaft* (Limpert Sportwissenschaft, 2. Aufl). Wiebelsheim: Limpert.

Janda, V. (2000). *Manuelle Muskelfunktionsdiagnostik* (4. Aufl.). München: Urban & Fischer

Manoel, M.E.,Harris-Love, M., Danoff, J.V. & Miller, T.A. (2008). Acute effects of static, dynamic, and proprioceptive neuromuscular facilitation stretching on muscle power in women. *Journal of Strength and Conditioning Research*, 22 (5), 1528–1534.

Pope RP., Herbert RD., Kirwan JD. & Graham BJ. (2000). A randomized trial of preexercise stretching for prevention of lower-limb injury. *Med. Sci Sports Exerc. Journal*, 32 (2), 271-277.

Rancour, J., Holmes, C. F. & Cipriani, D. J. (2009). The effects of intermittent stretching following a 4-week static stretching protocol: a randomized trial. *Journal of strength and conditioning research / National Strength & Conditioning Association*, 23 (8), 2217–2222.

Schönthaler, S. R. & Ohlendorf, K. (2002*). Biomechanische und neurophysiologische Veränderungen nach ein- und mehrfach seriellem passiv-statischem Beweglichkeitstraining* (Wissenschaftliche Berichte und Materialien / Bundesinstitut für Sportwissenschaft, 1. Aufl.). Köln: Sport und Buch Strauß.

Sölveborn, S.-A. (1983). *Das Buch vom Stretching - Beweglichkeitstraining durch Dehnen und Strecken.* München: Mosaik.

Wiemann, K., Klee, A. & Startmann, M. (1998). Filamentäre Quellen der Muskel-Ruhespannung und die Behandlung muskulärer Dysbalancen. *Deutsche Zeitschrift für Sportmedizin,* 49 (4), 111–118.

Wydra, G. (1997*). Stretching - ein Überblick über den aktuellen Stand der Forschung. Sportwissenschaft,* 27, 409–427.

Wydra, G., Bös, K. & Karisch, G. (1991). Zur Effektivität verschiedener Dehntechniken. *Deutsche Zeitschrift für Sportmedizin*, 42 (9), 386–394.

7 Tabellenverzeichnis